Les Églises paroissiales de Paris

Monographies Illustrées

LA SAINTE-CHAPELLE

Texte par M. l'Abbé A. BOUILLET

Photographie et Gravure de Ch. G. PETIT

Prix : 1 franc

A PARIS

Ancienne Maison GAUME & Cⁱᵉ, Éditeurs

X. RONDELET & Cⁱᵉ, Successeurs

3, RUE DE L'ABBAYE, 3

TOUS DROITS RÉSERVÉS

LA
Sainte-Chapelle

La Sainte-Chapelle n'a jamais été une église paroissiale. Néanmoins son histoire est tellement liée à notre histoire religieuse, que nous n'hésitons pas à lui donner une place dans notre collection. Au surplus, n'a-t-elle pas servi d'écrin au somptueux trésor de reliques dont Notre-Dame abrite aujourd'hui les vénérables épaves? N'est-elle pas encore, selon l'expression de Viollet-le-Duc, " le spécimen le plus complet et le plus pur peut-être, de l'architecture religieuse du milieu du XIIIe siècle?"

Le lecteur, j'en suis persuadé, nous pardonnera plus volontiers de la décrire et de la " pourtraiturer ", que de l'omettre.

L'empereur de Constantinople, Baudouin II, avait emprunté aux Vénitiens une somme considérable. Ne pouvant se libérer, il s'adressa en 1238 au roi de France saint Louis, qui paya la dette, et devient, en retour, possesseur de la couronne d'épines de N. S. J.-C., que l'empereur avait consignée comme gage entre les mains de ses prêteurs.

Saint Louis envoya alors à Constantinople deux religieux dominicains, chargés de constater l'authenticité et la conservation de la sainte relique, et d'en prendre possession. Au retour, les envoyés du roi la déposèrent dans le trésor de Saint-Marc de Venise, jusqu'à ce que toutes les conditions du marché conclu avec les Vénitiens fussent remplies. Puis ils reprirent le chemin de la France. Saint Louis, accompagné de sa mère Blanche de Castille, des princes ses frères. de plusieurs prélats et princes de sa cour. alla au-devant de ses ambassadeurs. et les rencontra à Villeneuve-l'Archevêque, à cinq lieues de Sens. le 10 août 1239. Là on ouvrit d'abord la caisse de bois. puis la châsse d'argent. et enfin le vase d'or qui renfermaient la sainte couronne. et on la fit voir et vénérer au roi et à tous les assistants. Le lendemain. saint Louis repartait pour Paris où se fit. huit jours après. la réception solennelle.

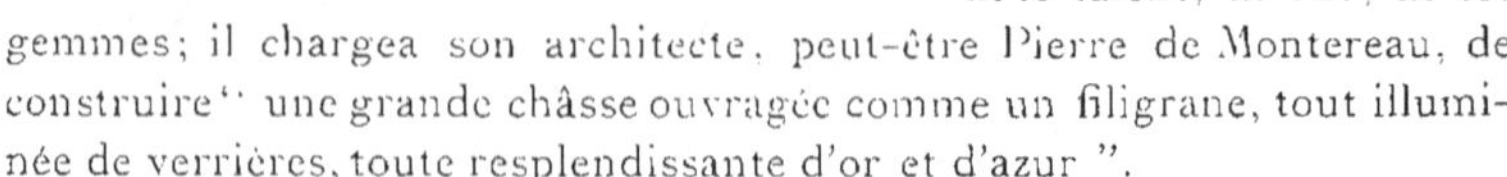

Quelques années après. saint Louis reçut encore de Baudouin plusieurs autres reliques. parmi lesquelles une portion considérable du bois de la vraie croix. A de tels trésors il fallait des reliquaires somptueux abrités sous une châsse d'une idéale beauté. Le saint roi commanda les reliquaires aux plus habiles de ses orfèvres, qui n'y épargnèrent ni le talent, ni l'or, ni les gemmes; il chargea son architecte, peut-être Pierre de Montereau, de construire'' une grande châsse ouvragée comme un filigrane, tout illuminée de verrières, toute resplendissante d'or et d'azur ''.

Il fit la Sainte-Chapelle.

Le secours d'un guide serait presque nécessaire pour découvrir aujourd'hui la Sainte-Chapelle. Sa flèche dorée et la crête ajourée de sa toiture sont tout ce qu'on en peut apercevoir au-dessus des froides et lourdes constructions qui l'étreignent et l'étouffent. On ne peut guère. sans aller jusqu'au seuil de la police correctionnelle, admirer ses belles proportions d'ensemble, la prestigieuse sveltesse des membres de son architecture, la perfection de sa sculpture décorative. Et encore ne voit-on à peu près que le côté sud et la façade principale de l'ouest. L'amour de la symétrie a fait élever, à gauche de la cour du Mai, en manière de pendant à la salle des Pas-Perdus — l'ancienne Grand'Salle — une massive bâtisse qui n'est séparée de la chapelle de saint Louis que par un étroit et obscur passage. On n'hésita pas alors à détruire un gracieux édifice dû aussi au saint roi, relié à la chapelle royale par une courte galerie, et contenant dans ses trois étages les services des sacristies et le trésor des chartes, dont la majeure partie a émigré aux Archives Nationales. Là on conservait encore des reliquaires et de précieux objets d'art, parmi lesquels le grand camée où est représentée l'apothéose d'Auguste, et le buste en agathe de Valentinien III qui surmontait le bâton du grand chantre ; ces deux monuments font aujourd'hui l'ornement du cabinet des médailles à la Bibliothèque Nationale.

Des gravures anciennes attestent que le léger édicule composait avec l'édifice principal un ensemble des plus pittoresques, alors surtout que rien n'empêchait de prendre le recul nécessaire pour en juger.

La première pierre de la Sainte-Chapelle fut posée en 1245, sans doute par le roi saint Louis lui-même. Trois ans après, l'œuvre était terminée : le 25 avril 1248, dimanche de Quasimodo, le légat du Saint-Siège, Eudes de Châteauroux, évêque de Tusculum, et Pierre Berruyer, archevêque de Bourges, consacraient, l'un l'église haute, l'autre l'église inférieure, la première sous le titre de la Sainte-Couronne et de la Sainte Croix, la seconde sous le vocable de la Sainte-Vierge. On est en droit de s'étonner, avec Viollet-le-Duc, qu'une telle construction ait pu être achevée si rapidement. " De la base au faîte, écrivait le savant architecte, l'édifice est entièrement construit en pierre dure de choix, connue sous le nom de liais cliquart ; chaque assise est cramponnée par des agrafes de fer coulées en plomb ; les tailles et la pose sont exécutées avec une précision rare ; la sculpture en est composée et ciselée avec un soin particulier. Sur aucun point on ne peut constater ces négligences qui ne sont que trop souvent le résultat de la précipitation. "

Le palais de saint Louis s'élevait à quelque distance et en arrière de la galerie qui forme aujourd'hui

encore, séparées par de minces contreforts à ressauts et couronnées de frontons derrière lesquels court une légère balustrade, les immenses fenêtres dont la délicate tracerie semble seule faire fonction de muraille pour supporter la toiture. Au-dessus de cette dernière s'élève la flèche charmante exécutée en bois recouvert de plomb. Lassus, qui l'a dessinée, " n'a pas cru devoir tenter la restitution de celle qu'avait construite Pierre de Montereau, ni celle de la dernière flèche, élevée après

le fond de la cour du Mai. Le pieux roi désirait arriver de plain-pied, de galerie en galerie, à la chapelle dont il commandait la construction. L'architecte résolut le problème et exécuta le programme de la façon la plus rationnelle. Au sanctuaire réservé au souverain et à sa cour, il donna pour piédestal une chapelle basse à l'usage du nombreux personnel attaché à la personne du roi.

Le parti adopté par l'habile maître de l'œuvre se comprend au premier regard jeté à l'extérieur sur les faces restées visibles. Voilà, à la partie inférieure, les " roses-fenêtres " larges et basses qui éclairent la chapelle basse ; voilà, au-dessus, le cordon feuillagé qui marque le sol de la chapelle haute ; voilà, plus haut

l'incendie de 1630 ; il en a édifié une semblable, ou à peu près, à celle que l'on savait avoir été faite sous Charles VI " On y trouve les qualités de pondération rationnelle. de grâce délicate. de connaissance technique qui caractérisaient le génie de cet architecte enlevé trop tôt par la mort. Parmi les statues qui représentent les douze apôtres à l'étage inférieur de la flèche. celle de saint Thomas a reçu les traits de Lassus. De légers contreforts sont reliés par des arcs-boutants à l'étage intermédiaire. tandis que. au-dessus des ouvertures de l'étage supérieur, des pignons portent des anges qui exposent à tous les regards les instruments de la Passion. L'aiguille est toute constellée de fleurs de lis d'or ; l'or brille sur toutes les arêtes de la flèche tout entière.

A l'extrémité de la crête du toit. au-dessus de l'abside. sur un haut fleuron. un ange tient une croix de procession. A l'autre extrémité. de chaque côté de la façade. une élégante tourelle percée de meurtrières étroites, renferme l'escalier qui fait communiquer la chapelle haute avec la chapelle basse. Le clocheton qui termine chacune d'elles est cerclé. à sa base. d'une couronne royale. et, plus près de son sommet. d'une couronne d'épines.

En avant de la façade principale se dresse un porche à deux étages. ajourés chacun de trois côtés par des arcades en ogive. A l'étage inférieur s'ouvre le portail de la chapelle basse, profondément ébrasé. Le

dernier, que domine le Fils de Dieu montrant ses plaies; enfin les archivoltes sont peuplées de nombreuses figures d'anges, de patriarches et de prophètes.

Au-dessus et en arrière du double porche apparaît la grande rose de style flamboyant, reconstruite au temps de Charles VIII, et, plus haut encore, au-dessus d'une balustrade fleurdelisée, ornée en son milieu de l'initiale de Charles VIII, un K soutenu par deux anges, le pignon percé d'une rosace accostée de trois quadrilobes aveugles. Ce pignon est flanqué des deux clochetons qui couronnent les tourelles des escaliers.

On remarque, contre la quatrième travée de la façade méridionale, un édicule de style moins ancien que le reste de l'édifice. Il porte, sur une

stylobate est orné de fleurs de lis alternant avec des tours de Castille; devant le trumeau se dresse une statue de la Vierge; dans le tympan est sculpté son couronnement.

La porte de la chapelle supérieure est plus ornée. Au soubassement sont sculptées, en bas-relief, dans des médaillons quadrilobés, des scènes empruntées à l'Histoire sainte; entre les colonnettes des ébrasements courent des guirlandes de feuillages; au trumeau, le Christ bénit; au tympan se voient les scènes de la Résurrection des morts et du Jugement

arcade en tiers point. l'oratoire que fit construire le roi Louis XI. Il est orné de niches, de consoles et de statues, éclairé par deux ouvertures, et surmonté d'une balustrade ornée de fleurs de lis et d'un L couronné.

Un peu plus tard. probablement sous le règne de Charles VIII, on éleva " le joli degré à rampe droite. douce et voûtée. qui longeait le flanc sud de la chapelle royale. " Il aboutissait au porche supérieur. et permettait d'arriver du dehors à la chapelle haute sans passer par les étroits escaliers qui la relient à la chapelle basse. Un incendie qui éclata le 26 juillet 1630. détruisit le degré sous la chute de la flèche. On ne le rétablit point : on se contenta de le consolider pour donner abri à des libraires entre ses piliers calcinés. On sait que Boileau met le champ de bataille de son *Lutrin* sur ce

perron antique

Où sans cesse étalant bons et méchants écrits,
Barbier vend aux passants des auteurs à tout prix.

Le maître de l'œuvre était admirablement inspiré quand il conçut l'ordonnance de sa chapelle inférieure. Pour satisfaire aux exigences de son appropriation. elle devait être large comme la nef supérieure, et basse comme l'étage auquel elle correspondait. Une voûte d'une seule portée eût présenté l'inconvénient disgracieux de prendre naissance presque au niveau du sol. L'habile constructeur eut l'idée géniale d'en faire retomber les nervures sur des

colonnes isolées, laissant entre elles et la muraille une sorte d'étroit bas-côté qui fait le tour de l'édifice. De petits arcs-boutants en pierre ajourée empêchent les colonnes de se déverser. Toutes les voûtes sont de hauteur égale, coupées par des nervures et séparées par des arcs doubleaux. Le long de la muraille court une élégante arcature trilobée, au-dessus de laquelle s'ouvrent les fenêtres que nous avons remarquées à l'extérieur ; celles de gauche sont aveuglées par la malencontreuse construction qui les touche presque. Toutes les colonnes de la chapelle sont monostyles, à l'exception de celles qui, appuyées à la muraille, forment des faisceaux en proportion avec les arcs doubleaux dont elles portent la retombée. Les clefs de la voûte présentent cette particularité d'être décorées de rosaces sculptées en bois.

La chapelle basse avait beaucoup souffert des injures du temps et des hommes. Peintures effacées ou couvertes de badigeon ; arcature mutilée à plaisir ; vitraux détruits et remplacés par une vitrerie incolore ; toutes ces plaies ont été pansées, et la vénérable édifice, restauré avec amour, a retrouvé une nouvelle jeunesse. Les colonnes sont peintes aux armes de France et de Castille, les élégants chapiteaux sont richement polychromés ; de somptueuses tapisseries semblent suspendues dans le fond des arcatures ; un semis de fleurs de lis couvre les grandes surfaces de la voûte, dont une riche bordure accuse les divisions ; d'harmonieux vitraux remplissent les fenêtres et tamisent une douce et discrète lumière, dont les reflets multicolores éveillent les ors jetés de tous côtés et piquent de mille points brillants la quasi obscurité qui règne en ce lieu.

De nombreuses dalles tumulaires, du xiiiᵉ au xviiᵉ siècle, en forment encore le pavage. Ce sont les seules qui aient subsisté à Paris. Le poète du *Lutrin* avait là sa sépulture ; on la voit maintenant à Saint-Germain-des-Prés.

Quand on arrive au sommet de l'étroit escalier qui mène à la chapelle haute, on est littéralement surpris et ébloui. Il semble qu'on ait quitté un séjour plein de recueillement et de mystère pour entrer dans quelque région céleste, tout inondée de lumière, toute diaprée des nuances sans nombre de l'arc-en-ciel. " Couleur des vi-

traux de la Sainte-Chapelle! " c'était pour nos pères le comble de l'ad-
miration à la vue d'un vin généreux qui mettait comme des rubis dans
les verres. Tout disparaît, tout s'efface dans cette lumière qui semble
rayonner de toutes parts, et les minces colonnettes aux fins profils qui
portent la voûte, et les meneaux déliés comme des fils qui tracent sur les
hautes fenêtres leurs délicats réseaux, et la voûte elle-même dont l'azur
étoilé donne l'illusion d'un coin du ciel
aperçu dans le réseau des nervures. A
la place des murailles, il n'y a qu'une
immense mosaïque translucide posée sur
un soubassement où l'or se joue au milieu des couleurs, des incrustations, des
émaux répandus à profusion sur toutes
les surfaces qu'offrent les murailles, sur
toutes les saillies que forment les colonnes, sur toutes les feuilles qui composent
les chapiteaux.

Comme dans la chapelle inférieure,
une arcature anime le soubassement,
mais plus touffue et plus riche, élevée
sur un stylobate continu, encadrant dans
une suite de quatre-lobes des scènes de
martyre peintes sur verre, tandis que des écoinçons
émergent de délicieuses figures d'anges, et que des

feuillages d'une incomparable facture s'accrochent à tous les rampants et à toutes les corniches.

La troisième travée de chaque côté présente un enfoncement dans lequel la tradition veut que le roi, du côté de l'Évangile, et la reine, du côté de l'Épitre, aient eu leurs sièges et leurs prie-Dieu pour assister aux offices. Sur l'arceau qui abrite chacune des deux places, un Christ bénissant reçoit les adorations des Anges.

A la travée suivante, à droite, une porte étroite donne accès dans l'oratoire que le méfiant Louis XI avait fait construire, et d'où il voyait sans danger le maître autel par une ouverture oblique, que défend un grillage de fer. Cet oratoire, voûté en berceau, ne présente aucune particularité. Il contenait autrefois un autel, et ses murailles étaient probablement tendues de tapisseries.

Devant les faisceaux de colonnes qui marquent la séparation des travées de l'édifice, sur des consoles ornées de feuillages délicatement fouillés, se dressent les statues des douze Apôtres, portant chacun une croix de consécration. Quatre seulement des statues primitives subsistent intactes; les autres ont été reconstituées ou refaites avec un rare bonheur. Parmi tous les monuments remarquables qui nous sont restés de la statuaire du moyen-âge, il n'en est guère qui soient

supérieurs aux statues d'Apôtres de la Sainte-Chapelle. " Ces statues, écrivait le baron de Guilhermy, sont sculptées en pierre de liais ; leurs vêtements, couverts d'or, de couleur et d'incrustations, imitent les étoffes des plus riches tissus, rehaussées de galons et de pierreries. Le moyen âge n'a jamais produit de figures d'un caractère plus noble, de draperies plus savamment traitées, des poses mieux étudiées. Chacune est abritée sous un dais surmonté de tourelles, dont les ouvertures contiennent des incrustations en verres de couleur. "

A la suite des quatre travées de la nef, s'arrondissent les sept pans de l'abside, dont cinq sont isolés par une construction élevée très vraisemblablement dans les dernières années du xiiie siècle, sous le règne de Philippe-le-Bel, alors que se terminait le procès de canonisation de saint Louis. Une arcature à jour, formant clôture, relie à la muraille une plateforme portée sur des arcades plus élevées, richement ornée d'anges adorateurs d'un sentiment exquis, d'applications de verre, de gaufrures dorées et de peintures. Sur la plate-forme, un haut baldaquin abrite un autel en bois joliment ajouré, sur lequel était autrefois la magnifique et somptueuse châsse qui contenait les reliques insignes de la Passion. On montait à la plate-forme par deux escaliers en bois, renfermés dans des tou-

relles à jour. Un seul, celui de gauche, a subsisté ; l'autre a été refait sur le même dessin.

A l'extrémité de l'édifice, au-dessus d'une galerie qui traverse d'un côté à l'autre, est percée la grande rose. Elle date du règne de Charles VIII, et ses compartiments flamboyants sont remplis par de petits vitraux d'une facture soignée et d'un dessin achevé, dont les sujets sont empruntés à l'Apocalypse. Dans les verrières des grandes fenêtres sont représentées des scènes de l'Ancien et du Nouveau Testament ; à l'abside, l'histoire de la translation des Reliques.

La muraille qui supporte la grande rose avait été, au siècle dernier, défigurée pour l'application d'un buffet d'orgues, qui fut en 1791 transporté à Saint-Germain l'Auxerrois. Lassus a fait disparaître les mutilations, et sa restauration est admirable. La décoration de la chapelle haute lui appartient presque en entier, ainsi que le rétablissement des vitraux et la reconstruction de la flèche. Il avait succédé en 1849 à Duban qui, depuis 1839, aidé déjà de lui et de Viollet-le-Duc, avait entrepris de consolider la chapelle du Palais et en avait restauré toutes les œuvres vives. Lorsque Lassus mourut en 1857, Bœswilwald fut chargé de continuer sa tâche. Ce dernier acheva la restauration de la chapelle haute et lui donna un dallage historié d'une richesse inouïe ; c'est lui aussi qui accomplit la réfection de la chapelle basse. Son fils poursuit aujourd'hui des travaux dont les résultats font tant d'honneur aux

architectes de grand talent qui se sont succédé sur les chantiers de la Sainte-Chapelle depuis soixante ans. Ils ont été secondés merveilleusement par des artistes habiles comme Geoffroy de Chaume et Steinheil, dont l'un a restauré ou refait une grande partie de la statuaire et de la décoration sculptée, tandis que l'autre dessinait la décoration peinte et recomposait les verrières mutilées.

Encombrée d'un jubé sous Henri II et de stalles sous Henri III ; gravement endommagée par l'incendie de 1630 ; vouée à la démolition par la Révolution, puis transformée successivement en club, en magasin de farines et en dépôt d'archives, la Sainte-Chapelle offrait, lorsque Duban en résolut la restauration, l'aspect d'une ruine. " Nous voyons encore, dit F. de Guilhermy, ses assises disjointes, ses meneaux rompus, les vides de ses verrières rajustés avec du plâtre. ses gargouilles brisées, ses clochetons découronnés, son comble dépouillé de la crête et de la flèche qui la surmontaient autrefois. La dévastation n'était pas moindre à l'intérieur. Sans respect pour les anges des archivoltes ni pour les feuillages des chapiteaux, on avait criblé les murs de clous et de crochets, pour fixer les casiers des archives judiciaires. Toutes les parties de la décoration qui

pouvaient être enlevées, consoles, dais, statues, fragments d'autels et d'arcatures, avaient été portées au musée des monuments français. » Ne devons-nous pas, en lisant ces lignes, nous réjouir de voir que tant de ravages sont aujourd'hui réparés et de pouvoir admirer dans tout l'éclat d'une nouvelle jeunesse la châsse merveilleuse conçue par Saint Louis et exécutée par ses ordres ?

Nous devons nous réjouir aussi que le charmant joyau ait échappé comme par prodige, en 1871, dans le dernier jour de la Commune, aux flammes qui dévoraient les bâtiments qui l'enserrent étroitement ?

Qu'il me soit cependant permis en finissant, d'exprimer un regret. Il ne subsiste pas même un autel dans la Sainte-Chapelle. Le bel édifice est maintenant comme un corps sans âme, et c'est pitié que le sanctuaire d'où tant de prières ont monté vers Dieu pendant de longs siècles ne soit plus visité aujourd'hui que par des curieux trop souvent distraits, irrespectueux et oublieux du passé, comme on visite un palais historique ou un musée.

Ont déjà paru :

Fasc. I NOTRE-DAME DE PARIS Extérieur

II — — Intérieur

III — — Trésor

IV SAINT-ETIENNE-DU-MONT

V LA SAINTE-CHAPELLE

En préparation :

NOTRE-DAME D'AUTEUIL

SAINT-SULPICE